This book belongs to

January

1	
2	
3	
4	
5	

January

6

7

8

9

10

January

11	
12	
13	
14	
15	

January

16	
17	
18	
19	
20	

January

21	
22	
23	
24	
25	

January

26	
27	
28	
29	
30	

January

31	

Notes

February

1	
2	
3	
4	
5	

February

6

7

8

9

10

February

11	
12	
13	
14	
15	

February

16

17

18

19

20

February

21	
22	
23	
24	
25	

February

26

27

28

29

Notes

es

March

1	
2	
3	
4	
5	

March

6

7

8

9

10

March

11	
12	
13	
14	
15	

March

16

17

18

19

20

March

21	
22	
23	
24	
25	

March

26

27

28

29

30

March

31	

Notes

es

April

1	
2	
3	
4	
5	

April

6

7

8

9

10

April

11	
12	
13	
14	
15	

April

16	
17	
18	
19	
20	

April

21	
22	
23	
24	
25	

April

26	
27	
28	
29	
30	

Notes

May

1	
2	
3	
4	
5	

May

6

7

8

9

10

May

11	
12	
13	
14	
15	

May

16

17

18

19

20

May

21	
22	
23	
24	
25	

May

26	
27	
28	
29	
30	

May

31	

Notes

es

June

1	
2	
3	
4	
5	

June

6	

7	

8	

9	

10	

June

11	
12	
13	
14	
15	

June

16	
17	
18	
19	
20	

June

21	
22	
23	
24	
25	

June

26

27

28

29

30

Notes

es

July

1	
2	
3	
4	
5	

July

6

7

8

9

10

July

11	
12	
13	
14	
15	

July

16	
17	
18	
19	
20	

July

21	
22	
23	
24	
25	

July

26

27

28

29

30

July

31	

Notes

otes

August

1	
2	
3	
4	
5	

August

6

7

8

9

10

August

11	
12	
13	
14	
15	

August

16

17

18

19

20

August

21	
22	
23	
24	
25	

August

26

27

28

29

30

August

31	

Notes

Notes

September

1	
2	
3	
4	
5	

September

6

7

8

9

10

September

11	
12	
13	
14	
15	

September

16

17

18

19

20

September

21	
22	
23	
24	
25	

September

26

27

28

29

30

Notes

otes

October

1	
2	
3	
4	
5	

October

6

7

8

9

10

October

11	
12	
13	
14	
15	

October

16

17

18

19

20

October

21	

22	

23	

24	

25	

October

26

27

28

29

30

October

31	

Notes

otes

November

1	
2	
3	
4	
5	

November

6

7

8

9

10

November

11	
12	
13	
14	
15	

November

16

17

18

19

20

November

21	
22	
23	
24	
25	

November

26

27

28

29

30

Notes

otes

December

1	
2	
3	
4	
5	

December

6

7

8

9

10

December

11	
12	
13	
14	
15	

December

16

17

18

19

20

December

21	
22	
23	
24	
25	

December

26

27

28

29

30

December

31	

Notes

otes

Made in United States
Orlando, FL
12 July 2025

62909907R00055